nivel **A2** audiolibro **colección grandes** ...jes

Picasso
LAS MUJERES
DE UN GENIO

difusión

COLECCIÓN GRANDES PERSONAJES

Autora: Laura Corpa
Coordinación editorial: Clara de la Flor
Supervisión pedagógica: Emilia Conejo
Glosario y actividades: Emilia Conejo
Traducción del glosario: Claudia Zoldán y Séverine Battais (francés),
Brian Brennan (inglés) y Janet Klünder (alemán)
Diseño y maquetación: rosacasirojo
Corrección: Silvia Comeche
Ilustración de portada: Joan Sanz
Fotografías:
© Samuel Mayo
© Clara de la Flor
Citas:
Jean Leymarie. *Todo Picasso*, Ediciones Polígrafa, 2000 (pág. 10)
Brigitte Leal. *Todo Picasso*, Ediciones Polígrafa, 2000 (pág.21)
Brassäi. *Conversaciones con Picasso*, Turner Publicaciones, 1997 (pág. 79)
Olivier Widmaier Picasso. *Retratos de familia*, Algaba Ediciones, 2003 (pág. 74)
Francoise Gilot y Carlton Lake. *Vivir con Picasso*, Ediciones B, 1998 (pág. 17)
Mary Ann Caws. *Dora Maar con y sin Picasso*, Ediciones Destino, 2000 (pág. 13)
Locución: Luis García Márquez

© Difusión, Centro de Investigación y Publicaciones de Idiomas, S.L., 2011
ISBN: 978-84-8443-735-2
Depósito legal: B 9368-2012
Reimpresión: marzo 2019
Impreso en España por Imprenta Mundo

C/ Trafalgar, 10, entlo. 1ª
08010 Barcelona
Tel. (+34) 93 268 03 00
Fax (+34) 93 310 33 40
editorial@difusion.com

www.difusion.com

MIXTO
Papel procedente de
fuentes responsables
FSC® C125125

Índice

Retrato de Nicolasa (madre del barbero de Picasso) / Samuel Mayo

Pablo Ruiz Picasso

Pintor

«*La pintura no se hace para decorar apartamentos. Es un instrumento de guerra*»

Prólogo

> «La inspiración existe, pero tiene que encontrarte trabajando»

Todo lo que Picasso tocaba lo convertía en arte. A lo largo de su vida pintó más de 2000 obras e hizo muchísimos grabados[1], dibujos[2], obras de cerámica, *collages* y esculturas. Durante más de 60 años inventó nuevas técnicas pictóricas[3] y dominó muchas otras. Y no solo las dominaba, sino que iba más allá, las desarrollaba y las superaba[4] con la naturalidad de un genio. Así se convirtió en el artista más importante del siglo XX.

Picasso fue innovador. Fue genial. Fue el alma[5] de muchos movimientos de vanguardia y el autor de obras tan importantes como *Las señoritas de Aviñón* o *Guernica*. Sus obras iconoclastas[6] rompieron con el academicismo[7] y hoy se pueden ver en museos de todo el mundo: el Museo Picasso de Barcelona, el Museo Picasso de Málaga, el Museo Nacional Reina Sofía, el MOMA de Nueva York o el Museo Picasso de París.

GLOSARIO

[1] **grabado**: técnica de impresión que consiste en perforar una superficie rígida para dibujar una imagen, echar tinta en los surcos y presionar con un papel o tela para hacer varias reproducciones de la imagen [2] **dibujo**: líneas de una figura sobre una superficie [3] **pictórico**: relativo a la pintura [4] **superar**: ir más allá [5] **alma**: (aquí) esencia, núcleo [6] **iconoclasta**: que rechaza la autoridad de maestros, normas y modelos [7] **academicismo**: actitud que respeta las reglas clásicas

Además, como todos los buenos artistas, Picasso era un muy buen observador, un observador incansable[8]. Observaba la naturaleza; le fascinaban sus formas. Además, coleccionaba objetos muy diferentes: huesos de animales, cajetillas[9] de tabaco, piedras de la playa, alambres[10], espejos, obras de arte, etc. Una famosa cita suya dice: «La inspiración existe, pero tiene que encontrarte trabajando». Efectivamente, a Picasso la inspiración lo encontraba siempre trabajando. A menudo[11] pintaba más de 12 horas al día. Se entregaba con pasión a[12] su arte y retrataba[13] a todas las personas a las que amaba: familiares, amigos, hijos, amantes y esposas. En definitiva[14], Picasso convirtió su vida en una gran obra de arte.

GLOSARIO

[8] **incansable**: que no se cansa [9] **cajetilla**: caja pequeña (en la que se guardan los cigarrillos) [10] **alambre**: hilo de metal [11] **a menudo**: frecuentemente [12] **entregarse a**: dedicarse por completo a, poner todo el interés en [13] **retratar**: pintar la figura de una persona [14] **en definitiva**: en resumen, en conclusión

1. La infancia[1] de Picasso: María, Conchita, Lola

> «Si te conviertes en soldado, serás un general. Si te conviertes en cura, terminarás siendo papa...»
> María Picasso a su hijo

Según la madre de Picasso, las primeras palabras de su hijo fueron «piz, piz», es decir, «lápiz[2]». Pablo Diego José Francisco de Paula Juan Nepomuceno María de los Remedios Cipriano de la Santísima Trinidad Ruiz y Picasso fue el primer hijo de José Ruiz Blasco y María Picasso López. Nació en Málaga en 1881. Sus padres tuvieron dos hijas más: Dolores (1884-1958) y Concepción (1887-1895). Pablo las quería muchísimo. Era un niño de grandes ojos negros, inquieto[3] y observador. Le gustaba imitar[4] a su padre, que era profesor de dibujo. Pablo llevaba algunos de sus pinceles[5] a clase y dibujaba durante horas. Para él, los pinceles eran como talismanes.

Picasso hizo su primera pintura[6] cuando tenía diez años. Es un óleo[7] sencillo y colorista, con cuatro personajes en la escena. El protagonista es un picador[8] montado a caballo en una plaza de toros[9]. Posiblemente, la pintó después de ir con su padre a una

---

GLOSARIO

[1] **infancia**: niñez, época de la vida en la que se es un niño [2] **lápiz**: utensilio de grafito y madera (normalmente) que sirve para escribir o dibujar [3] **inquieto**: curioso, que tiene interés por cosas nuevas [4] **imitar**: hacer lo mismo, ser igual que [5] **pincel**: utensilio que se utiliza para pintar [6] **pintura**: (aquí) cuadro [7] **óleo**: obra realizada con óleo (una mezcla de sustancias colorantes y aceite) [8] **picador**: torero que va a caballo [9] **plaza de toros**: lugar donde se celebran las corridas de toros

corrida[10] en Málaga, y la conservó toda su vida. Según cuenta en *Conversaciones con Picasso* el famoso fotógrafo húngaro Brassaï, buen amigo del pintor, Picasso dijo años más tarde que sus primeros dibujos no tenían la torpeza[11] ni la ingenuidad[12] de un niño: «Yo hacía dibujos académicos. Me horrorizan su minuciosidad[13] y su exactitud. Mi padre era profesor de dibujo y fue él probablemente quien me empujó[14] desde muy pronto en aquella dirección».

De niño, Pablo estuvo rodeado de mujeres: su abuela, su madre, sus dos hermanas y sus tías Eladia y Eliodora. Todas ellas lo cuidaron y lo mimaron[15], y ese mundo femenino fascinó siempre a Picasso. En 1891, su padre consiguió un nuevo trabajo como profesor de dibujo en La Coruña (Galicia) y la familia se mudó[16] allí. En el frío y húmedo[17] norte, Picasso añoraba[18] su ciudad: la luz, el viento y el carácter de la gente del sur. Con el tiempo, se acostumbró a su nueva vida, pero, como él decía: «En La Coruña, ni Málaga, ni toros, ni corridas, ni nada».

En 1892, cuando solo tenía 11 años, Picasso entró en la Escuela de Bellas Artes de La Coruña. Allí destacó[19] pronto por su talento para el dibujo. Pero en enero de 1895 ocurrió algo que cambió su vida para siempre. Su hermana pequeña, Conchita, murió de difteria[20]. Según John Richardson, uno de los biógrafos de Picasso, el pintor le hizo una promesa a Dios durante la enfermedad de su hermana: renunciar para siempre a su gran pasión, la pintura, si a cambio su hermana recuperaba[21] la salud. Pero Conchita murió. Picasso volvió a pintar y comenzó a hacer dibujos para una revista satírica que creó él mismo. Se llamaba *Azul y Blanco*. Su sentido

---

GLOSARIO

[10] **corrida (de toros)**: espectáculo en el que luchan un torero y un toro [11] **torpeza**: falta de habilidad [12] **ingenuidad**: inocencia [13] **minuciosidad**: detalle [14] **empujar**: impulsar, animar [15] **mimar**: cuidar con amor [16] **mudarse**: ir a vivir a [17] **húmedo**: región en la que llueve mucho y tiene el aire cargado de humedad [18] **añorar**: echar de menos, sentir pena por la falta de algo [19] **destacar**: sobresalir [20] **difteria**: enfermedad infecciosa y contagiosa que afecta a las vías respiratorias y digestivas [21] **recuperar**: volver a ganar algo que se ha perdido

del humor se ve en las caricaturas, los retratos y las viñetas[22] de aquella época.

En septiembre de ese mismo año, Pablo superó las pruebas de admisión de la Escuela de Bellas Artes de la Llotja, en Barcelona. Su padre acababa de empezar a trabajar allí como profesor. Según cuenta Brigitte Léal en *Todo Picasso*, las dos hojas en las que realizó la prueba fueron la primera rebelión de Picasso y dan una muestra[23] de su fuerte personalidad: sus dibujos eran contrarios al canon académico del momento; en ellos, el pintor destacaba las desproporciones físicas del modelo.

Durante esa época, Picasso retrataba a su madre y a su hermana Lola. La figura de su padre, un hombre alto, delgado, con una barba canosa[24] y un aspecto reflexivo, aparecía en diferentes escenas. Es, por ejemplo, el médico del cuadro *Ciencia y caridad*, o el padre de la niña de *Primera Comunión* (su hermana Lola). Picasso le dijo a Brassäi que su padre fue siempre una gran influencia para él: «Para mí, el hombre es don José y será así toda mi vida… Llevaba barba… Todos los hombres que dibujo los veo más o menos con sus rasgos[25]».

Picasso era disciplinado, trabajaba intensamente y con constancia, y tenía una especie de intuición sobre su futuro. Su madre le dijo un día: «Si te conviertes en soldado, serás un general. Si te conviertes en cura[26], terminarás siendo[27] papa[28]…».

GLOSARIO

[22] **viñeta**: dibujo, cómic [23] **muestra**: prueba, ejemplo [24] **canoso**: que tiene canas (pelos de color gris que aparecen con la edad) [25] **rasgo**: característica física [26] **cura**: sacerdote de la Iglesia católica [27] **terminar siendo**: ser al final [28] **papa**: cabeza de la Iglesia católica

2. Picasso adolescente[1]: el primer amor

«*Arte y sexualidad son la misma cosa*»

La relación de Pablo con el erotismo y la sexualidad se hizo más intensa a partir de su adolescencia. A los 12 años, vio por primera vez el cuerpo desnudo de una mujer en la playa de Riazor, en La Coruña, y pronto comenzó a dibujar escenas eróticas en sus libretas. En sus cuadernos de clase escribió el nombre de su primer amor, una adolescente llamada Ángeles. Así comenzó un ritual que Picasso mantuvo durante toda su vida: incluir el nombre de la mujer amada en sus obras. Pero el romance entre Pablo y Ángeles terminó cuando los padres de la chica lo descubrieron. Los separaron inmediatamente. Pablo no tenía ningún futuro, pensaban.

Desde su despertar amoroso y sexual, Pablo convirtió a las mujeres en sus modelos y en las protagonistas absolutas de todas sus etapas creativas. Cuando el crítico de arte Jean Leymarie le preguntó a Picasso por la relación entre el arte y la sexualidad, el pintor respondió: «Son la misma cosa».

Desde 1895 hasta 1897, Picasso estudió en Barcelona. Poco a poco se fue alejando del academicismo para descubrir su propio estilo. En otoño de 1897 viajó a Madrid y estudió en profundidad

GLOSARIO

[1] **adolescente**: persona que se encuentra en la adolescencia, es decir, la edad posterior a la niñez y previa a la edad adulta

el Museo del Prado. Se quedó fascinado por Velázquez. Brigitte Léal cuenta que Picasso le escribió a un amigo: «Velázquez, de primera[2]; de El Greco, unas cabezas magníficas; Murillo no me convence en todos sus cuadros[3]…». Ese otoño enfermó en Madrid de escarlatina[4] y volvió a Barcelona. Su amigo Manuel Pallarès lo invitó a recuperarse en su pueblo, Horta de Ebro, una pequeña aldea[5] en Tarragona. Picasso pasó allí ocho meses muy felices. Participaba en las tareas del campo y aprendía de los artesanos[6]. «Todo cuanto sé[7] lo aprendí en el pueblo de Pallarès», dijo años más tarde. Pallarès fue también su compañero en Barcelona, y con él descubrió la vida bohemia y los burdeles[8] de esta ciudad, que pintó en sus primeras obras.

Picasso, Barcelona y el modernismo
En torno a 1900, Barcelona era una ciudad modernista, inspirada por las vanguardias de Europa. Picasso y sus amigos iban a menudo a un café llamado Els Quatre Gats, que pronto se convirtió en el lugar de referencia del modernismo catalán. Ricard Canals, Isidro Nonell, Ramon Casas o Santiago Rusiñol son algunos de los artistas que iban con frecuencia a este café. Allí, contaban a los demás las experiencias que habían vivido en París, donde habían expuesto[9] al lado de Toulouse-Lautrec y Gauguin. La primera exposición individual de Picasso se celebró en este emblemático local, y en ella conoció a dos de sus mejores amigos: Carles Casagemas y Jaime Sabartés. Sabartés se convirtió en su secretario y no se separó de él durante los años siguientes. El estilo de Picasso inundó[10] el local:

GLOSARIO

[2] **de primera**: de primera calidad, excelente [3] **cuadro**: obra pictórica [4] **escarlatina**: enfermedad infecciosa que produce una erupción en la piel [5] **aldea**: pueblo muy pequeño [6] **artesano**: persona que se dedica a la artesanía, es decir, que hace a mano objetos de uso frecuente con un toque personal [7] **todo cuanto sé**: todo lo que sé [8] **burdel**: casa de prostitución [9] **exponer**: mostrar la propia obra en una galería o lugar dedicado al arte [10] **inundar**: (aquí) invadir, tomar por completo

diseñó las cartas del menú y retrató con grandes trazos[11] de vivos colores a los clientes del café.

En aquella época, Pablo tomó el apellido de su madre. Como le explicó más tarde a Brassaï: «Mis amigos me llamaban ya así. El apellido que se tiene o que se adopta posee su importancia. ¿Me imagina usted llamándome Ruiz? ¿Pablo Ruiz, Diego-José Ruiz o Juan Nepomuceno Ruiz? Tengo no sé cuántos nombres de pila[12]».

París

Picasso viajó por primera vez a París con 19 años, en octubre de 1900, y la ciudad lo deslumbró[13]. Con su inseparable amigo Casagemas visitó la Exposición Universal, donde Pablo exponía su obra *Últimos momentos*. En esa época, la influencia de Toulouse-Lautrec se ve en cuadros como *Pierrot y Colombina*, *Muchacha en su tocador* o *French Cancan*, que pintó en París ese mismo año. La vida nocturna de los cabarés y el ambiente del circo formaban parte del mundo imaginario de Picasso, que absorbía[14] como una esponja[15] todo lo que veía. Mujeres, niñas, damas de la alta sociedad, bailarinas y prostitutas se convirtieron en sus modelos. Pablo retrató también en sus cuadernos la sociedad parisina y las calles del barrio bohemio de Montmartre. Dos marchantes[16], Berthe Weill y Pere Manyac, se interesaron por sus trabajos.

Picasso volvió a París al año siguiente para participar en una exposición que Manyac organizó en la famosa galería de Ambroise. Los críticos de arte comenzaron a escribir sobre él. Su trabajo empezaba a dar resultados. En ese momento, Picasso tenía 20 años y pintó uno de sus autorretratos más famosos. En él se ve al artista con un gesto de confianza absoluta. Su estilo recuerda a Van Gogh.

GLOSARIO

[11] **trazo**: línea que se hace al pintar [12] **nombre de pila**: nombre [13] **deslumbrar**: fascinar, impresionar muy agradablemente [14] **absorber**: acción por la cual un material aspira un fluido con el que está en contacto, impregnar [15] **esponja**: objeto elástico y poroso que sirve para lavar el cuerpo [16] **marchante**: persona que comercia con obras de arte

Ese mismo año, su amigo y compañero de correrías[17] Carles Casagemas, que había pasado la Navidad en su casa de Málaga el año anterior, se suicidó[18] con un disparo[19] después de intentar asesinar a su amante. A partir de ese momento, Picasso abandonó los colores vivos y tiñó[20] todos sus cuadros de azul. Picasso pintó entonces el famoso *Entierro de Casagemas*, que recuerda al cuadro de El Greco *El entierro del conde Orgaz*. Al igual que El Greco, Picasso dividió el cuadro en un plano superior, el cielo, y un plano inferior, la tierra; pero en su cielo no pintó ángeles, como El Greco, sino prostitutas.

En esos momentos, Picasso pasó por una etapa de rechazo[21] hacia las mujeres y solo retrataba prostitutas. «Me puse a[22] pintar en azul al pensar en la muerte de Casagemas», dijo Picasso al final de su vida, según explica Brigitte Léal. La tristeza y la melancolía inundaron sus lienzos[23], llenos de mujeres pensativas con aspecto decadente y de arlequines[24] de circo con gesto serio. En medio de este ambiente triste, ese año fue muy duro para el pintor: pasó hambre, frío y necesidades económicas. «¡Yo he pasado en mi vida más frío que otros muchos!», dijo en una ocasión. «En Barcelona quemaba[25] mis dibujos para entrar en calor[26]. ¡Qué frío pasé en Madrid! Y en Bateau-Lavoir. Era un horno en verano y una nevera en invierno. El agua se helaba[27]».

GLOSARIO

[17] **correría**: (aquí) juerga o aventuras nocturnas [18] **suicidarse**: matarse voluntariamente [19] **disparo**: expulsión de la carga de un arma de fuego [20] **teñir**: cambiar de color [21] **rechazar**: no aceptar [22] **ponerse a**: empezar a [23] **lienzo**: tela preparada para pintar sobre ella, (aquí) cuadro, pintura [24] **arlequín**: personaje que va vestido con un traje de cuadros de colores y una máscara negra [25] **quemar**: (aquí) destruir con fuego [26] **entrar en calor**: hacer subir la temperatura del cuerpo [27] **helarse**: congelarse

3. Fernande Olivier: la primera compañera

> «Estaba verdaderamente obsesionado por el circo. Había semanas que iba varias tardes»

En 1904, Picasso conoció en París a Fernande Olivier, que se convirtió en su primera compañera sentimental. Crespelle describe así el encuentro en su libro *Picasso y sus mujeres*: «En su primera reunión, Picasso se enamoró apasionadamente de la joven, y Fernande aceptó su adoración[1]».

Los dos tenían 21 años y a ella se la conocía en su barrio de París como «la bella Fernande». Era modelo de pintores y amiga de poetas como Apollinaire. Fernande aparece en los retratos de Picasso. Este, enamorado, observó muchas veces su cuerpo desnudo mientras ella dormía. Años más tarde, Picasso le contó a Brassaï que Fernande dibujaba muy bien: «Tengo muchos dibujos en mis carpetas. Son muy buenos».

La pareja se mudó a un piso en Bateau-Lavoir. Durante aquella época, Picasso pintaba sin descanso. Iba a menudo con sus amigos al circo Medrano; le fascinaban los acróbatas[2] y los saltimbanquis[3], de los que pintó muchos retratos. El mundo del circo se convirtió en un tema recurrente[4] en sus obras. Según Fernande, Picasso amaba todo lo que era diferente a él: los gitanos, las corridas de

---

GLOSARIO

[1] **adoración**: amor intenso [2] **acróbata**: persona que hace ejercicios de gimnasia espectaculares en un circo o similar [3] **saltimbanqui**: persona que realiza saltos y ejercicios acrobáticos en espectáculos [4] **recurrente**: que se repite muchas veces

toros, los cabarés, los payasos[5] y el mundo del circo. Brassaï narra así una visita con el pintor al circo, ya en los años treinta: «Picasso estaba radiante[6], feliz de sumergirse otra vez en[7] la atmósfera del circo. Se reía a carcajadas[8] con los payasos». Picasso le dijo que «estaba verdaderamente obsesionado por el circo. Había semanas que iba varias tardes. A veces nos quedábamos entre bastidores[9] charlando[10] con ellos toda la tarde».

Así, poco a poco Picasso abandonó su etapa azul y comenzó la que hoy se conoce como etapa rosa, que duró tres años: de 1904 a 1907. En las obras de esa etapa predominan los colores pastel[11] y suaves, y el mundo del circo, como se ve en *La familia de saltimbanquis* y *Familia de acróbatas con un mono*, por ejemplo. El mundo del circo fue una constante en Picasso y aparece en todas sus etapas: en su primera etapa modernista en París, en la etapa azul, en la rosa, en la clásica, en la cubista y hasta en su última etapa.

Durante el año 1905 pintó alegorías circenses. Viajó a Barcelona y a Gòsol, un pequeño pueblo de Lleida, donde pintó escenas de baño y desnudos en tonos de color rojo. En el verano de ese año, Picasso viajó a Schoorl (Holanda) y sus modelos comenzaron a tomar formas esculturales, como se ve en *La bella holandesa* o *Las tres holandesas*, un homenaje al motivo de las tres gracias, representado muchas veces en la historia del arte.

Durante esos años, Fernande, musa y compañera, iba con él a España, e inspiró años más tarde algunas de sus obras del periodo cubista, como la escultura de 1909 *Cabeza de una mujer (Fernande)*. Según Picasso, una de las famosas «señoritas de Aviñón» estaba inspirada en Fernande.

GLOSARIO

[5] **payaso**: artista de circo que hace reír al público [6] **radiante**: (aquí) muy alegre [7] **sumergirse en**: entrar completamente en, profundizar en [8] **reírse a carcajadas**: reírse sonoramente [9] **entre bastidores**: detrás del escenario, en las zonas dedicadas al personal de un espectáculo [10] **charlar**: hablar, conversar [11] **pastel**: de tono suave

Las señoritas de Aviñón
(Les Demoiselles d'Avignon)

Considerada como una de las obras esenciales del arte moderno y precursora[1] del cubismo, *Las señoritas de Aviñón* (1906-1907) representa a cinco mujeres desnudas en un burdel de la calle de Aviñón en Barcelona. En este cuadro, Picasso combina la influencia de las esculturas africana, íbera y polinésica con los rostros[2] esquemáticos de los frescos medievales[3]. Obsesionado por conseguir una obra innovadora, pasó un año preparando más de 800 bocetos[4] en su estudio de Bateau-Lavoir de París. Trabajaba sin descanso en el proyecto, a pesar del rechazo que provocaba en muchos de sus colegas pintores, como Derain y Matisse. Su amigo y pintor Braque describió así su nueva forma de pintar: «... es como si quisieras hacernos comer estopa[5], o beber petróleo[6] para escupir[7] fuego».

GLOSARIO

[1] **precursor**: pionero, antecedente, que introduce un movimiento [2] **rostro**: cara [3] **medieval**: relativo a la Edad Media [4] **boceto**: esquema o proyecto para una obra [5] **estopa**: parte gruesa del lino o del cáñamo y tela gruesa que se fabrica con ella [6] **petróleo**: líquido de color negro que se extrae de yacimientos situados bajo la tierra o el mar y con el que se fabrica, entre otras muchas cosas, la gasolina [7] **escupir**: echar saliva por la boca

Pero al terminar el cuadro, solo una persona fue capaz de apreciarlo[8]: el alemán Daniel Henry Kahnweiler, que se convirtió en el nuevo marchante de Picasso. *Las señoritas de Aviñón* rompió con el arte como se conocía hasta entonces, con el realismo y con sus cánones estéticos. El enorme cuadro, sin embargo, no apareció en una exposición hasta nueve años después, en 1916. Actualmente es propiedad del MOMA (Museo de Arte Moderno) de Nueva York.

En 1906 Picasso descubrió las esculturas ibéricas del Louvre. Al mismo tiempo, la escritora y mecenas[12] estadounidense Gertrude Stein, de quien pintó un retrato que dio la vuelta al mundo, le presentó a los fauvistas Derain y Matisse. A partir de ese momento, los rasgos de Fernande se hicieron más duros en sus pinturas y esculturas, tomaron la forma de máscaras africanas y redujeron[13] su expresión al mínimo.

El verano de 1909 lo pasaron juntos en Horta de Ebro y Picasso comenzó allí su etapa cubista. Retrataba a Fernande y transformaba los paisajes en lienzos cubistas. «Allí comprendí hasta dónde podía llegar». En 1910, viajó con Fernande a Cadaqués y siguió investigando las posibilidades del cubismo, hasta el punto de reducir el paisaje catalán a formas geométricas. La pareja se separó dos años más tarde, en 1912, justo cuando Picasso se despedía por fin de su época de pobreza y miseria y comenzaba a convertirse en un artista famoso.

Veinte años después, Fernande Olivier publicó en un periódico una serie titulada *Picasso et ses amies (Picasso y sus amigas)*. Para impedir la publicación de más detalles sobre su relación, Picasso tuvo que pagarle a Fernande una pequeña pensión[14].

GLOSARIO

[12] **mecenas**: persona que patrocina el arte [13] **reducir**: disminuir, moderar [14] **pensión**: cantidad de dinero que se recibe de forma regular, normalmente cada mes

El cubismo

El cubismo es un movimiento artístico que se sitúa dentro de las vanguardias del siglo XX. Se llama así, explica el crítico francés Louis Vauxcelles, porque es «una pintura compuesta por pequeños cubos[1]».

Con la aparición de la fotografía, la función de la pintura cambió. Ya no tenía que ser un espejo fiel[2] de la realidad; podía ser la representación subjetiva que el artista hacía de la realidad. Así comenzó el arte abstracto. El cubismo marcó un antes y un después en el arte, porque rompió radicalmente con la forma de representar la realidad.

Los máximos representantes del cubismo son los españoles Pablo Picasso y Juan Gris, y los franceses Georges Braque y Fernand Léger. Todos ellos quedaron profundamente impresionados por la obra de Paul Cézanne, a quien consideraban su padre artístico: en su obra ya estaban los principios que el cubismo desarrolló más tarde.

En 1907, influido por Cézanne, Picasso comenzó a pintar de una forma esquemática paisajes y retratos. Las líneas del dibujo se hicieron más afiladas[3] y las figuras más abstractas. Ese año marcó el comienzo del cubismo, pero este se presentó como movimiento artístico cuatro años más tarde, en 1911, en el Salón de los Independientes de París. Las obras cubistas que se expusieron allí provocaron un escándalo y el rechazo del público y de la crítica.

GLOSARIO

[1] **cubo**: poliedro de seis lados cuadrados iguales [2] **fiel**: (aquí) exactamente igual [3] **afilado**: más delgado y nítido

La amistad de Braque y Picasso fue fundamental para el desarrollo del cubismo. Los dos pintores descomponían la realidad en elementos geométricos. Los fragmentos representaban una misma realidad vista desde ángulos diferentes. El *Retrato de Kahnweiler*, que Picasso pintó en 1910, es uno de los mejores ejemplos del cubismo analítico, que se caracteriza por cuadros monocromos[4]. En el c ubismo sintético, por el contrario, predominan los colores brillantes. Es el inicio del *collage*.

El fin del cubismo llegó en 1914, al comenzar la Primera Guerra Mundial. Durante ese año, muchos artistas tuvieron que ir a luchar al frente[5], entre ellos Braque y Léger.

Paul Cézanne

GLOSARIO

[4] **monocromo**: de un solo color [5] **frente**: en una guerra, lugar donde se lucha

4. Eva, la pérdida[1]

> «Los ojos de Picasso parecen enormes porque tienen la capacidad de abrirse mucho. Están hechos para un perpetuo asombro»
> Brassaï

Físicamente, Picasso llamaba la atención[2] por sus ojos oscuros. Era bajo y robusto[3], y su mayor atractivo era su mirada, que observaba con atención cada movimiento. Brassaï describe así sus ojos: «No eran ni anormalmente grandes ni anormalmente oscuros. Si parecen enormes, es porque tienen la curiosa facultad de abrirse mucho. Son ojos hechos para un perpetuo[4] asombro[5]».

Después de romper con Fernande, Picasso se enamoró completamente de Marcelle Humbert, conocida como Eva Gouel. Vivieron juntos en París, en el barrio de Montparnasse, y viajaron juntos a España. Él le dedicó varios cuadros con el título de una canción de la época, *Ma jolie*, y en diferentes lienzos se puede leer: «Amo a Eva» en la caligrafía de Picasso. Su nuevo amor tuvo influencia en su producción artística y su pintura recuperó el color. En esta época, Picasso descubrió la técnica del *collage* junto a su amigo Braque. Estudió esta técnica con entusiasmo e hizo más de cien *papiers collés* hasta 1914, aunque nunca abandonó la pintura.

GLOSARIO

[1] **pérdida**: acción de perder algo que se tenía, (aquí) muerte [2] **llamar la atención**: destacar, atraer la atención de la gente [3] **robusto**: fuerte, corpulento [4] **perpetuo**: eterno, que no termina nunca [5] **asombro**: admiración, sorpresa

En 1913 murió su padre, el primer hombre que había confiado en él. Pablo lo admiraba[6], lo consideraba su referencia y su maestro, y lo retrató a lo largo de toda su vida, hasta sus últimas pinturas.

En 1914, Pablo abandonó la vida bohemia de sus inicios y comenzó a visitar con Eva los salones[7] de París. Al comenzar la Primera Guerra Mundial, muchos de sus amigos se fueron a luchar al frente, entre ellos Georges Braque, su compañero en la vida y en los experimentos con bodegones[8] cubistas y en la técnica del *collage*. Pero Picasso se quedó en París. Ese año, Eva enfermó de un cáncer y murió un año después. «Mi vida es un infierno» le escribió Picasso a Gertrude Stein ese año. Al morir Eva, Picasso se sintió profundamente solo.

GLOSARIO

[6] **admirar**: sentir respeto y fascinación por algo o alguien [7] **salón**: (aquí) reunión de artistas e intelectuales que se celebra en el salón de una vivienda privada [8] **bodegón**: composición pictórica que representa en primer plano alimentos, flores u objetos de otro tipo

5. Olga, la bailarina rusa

> «Mi mujer era también bailarina de ballet. Tenía el mismo cuello, el mismo perfil, la misma mirada. Y era rusa igual que usted»

En 1916, Picasso conoció a Jean Cocteau. Cocteau era un joven poeta que se sentía fascinado por Picasso y que se convirtió en alguien muy importante en la vida del pintor, ya que le abrió las puertas de la alta sociedad. Le propuso realizar los decorados[1] y el vestuario[2] de *Parade*, un «*ballet* realista» con texto de Cocteau, música de Satie y dirigido por Sergei Diaghilev, el fundador de la prestigiosa compañía de *ballet* Los Ballets Rusos. Según Cocteau, Pablo aceptó encantado, aunque sus amigos se extrañaron porque «pintar un decorado, sobre todo para el *ballet* ruso, era un crimen». Picasso y Cocteau viajaron a Italia con Stravinsky y Massine. Allí Pablo recuperó su pasión por el circo. Al regreso, pintó los decorados para el estreno del *ballet* y llevó el cubismo a escena[3]. Para el telón[4] se inspiró en un grabado italiano del siglo XIX. El enorme telón representaba una escena de la vida cotidiana del circo, una reunión de arlequines y músicos que observaban a una mujer con alas sobre un caballo que también tenía alas. La obra estaba pintada en colores vivos y tenía un aire

---

GLOSARIO

[1] **decorado**: conjunto de elementos con los que se crea un ambiente en un escenario
[2] **vestuario**: ropa que se utiliza en un espectáculo artístico [3] **escena**: (aquí) escenario, lugar donde los actores representan una obra de teatro [4] **telón**: tela grande que cubre el escenario en un teatro

onírico[5]. El vestuario que Picasso diseñó para el *ballet* era alegre y estaba lleno de fantasía.

En este contexto, Pablo conoció a la bailarina Olga Khokhlova, una hermosa mujer rusa, morena y de ojos grandes, elegante y con aire altivo[6], y se enamoró. El pintor decidió viajar con la compañía durante su gira por Italia para estar con ella.

Parade se estrenó[7] en París durante la primavera de 1917 y fue un escándalo: el público francés encontró esta obra de música, coreografía y escenografía vanguardistas «ofensivamente[8] anti-francesa». Para entonces, Olga ya era la prometida[9] de Pablo. El pintor se la presentó a su madre, que no aprobaba la boda porque, como le dijo a Olga: «Ninguna mujer podrá ser feliz con él». Pero Pablo la había seducido[10]. Se casaron en 1918 y los testigos de la boda fueron Max Jacob, Jean Cocteau y Guillaume Apollinaire. La madre de Picasso recibió la noticia un mes después de la ceremonia, por una carta que le escribió su hijo.

Pero poco después de mudarse al estudio de Montrouge, los recién casados se dieron cuenta[11] de que sus caracteres eran completamente opuestos. Según cuenta Brassäi en sus *Conversaciones con Picasso*, tenían dos pisos iguales uno sobre otro: debajo estaba la vivienda y sobre ella el estudio de Pablo. El primero estaba ordenado, limpio, era de color blanco y todas las obras estaban enmarcadas[12]. En cambio, el estudio era completamente caótico y estaba siempre desordenado, lleno de polvo[13] y de lienzos desperdigados[14] por todas partes.

Con su nueva etapa amorosa comenzó una nueva etapa artística. Después de su viaje a Italia, Picasso abandonó el cubismo y

---

GLOSARIO

[5] **onírico**: relativo a los sueños [6] **altivo**: arrogante, orgulloso [7] **estrenarse**: mostrarse por primera vez [8] **ofensivamente**: que ofende, que insulta o molesta [9] **prometido**: persona que se va a casar con otra [10] **seducir**: atraer a alguien para conseguir de él una relación amorosa o sexual [11] **darse cuenta de**: notar, ver por primera vez [12] **enmarcado**: rodeado de un marco [13] **polvo**: parte muy pequeña y deshecha de la tierra muy seca que se acumula sobre los objetos [14] **desperdigado**: disperso, repartido sin orden por todas partes

empezó a pintar de forma más clásica, como se ve por ejemplo en *Mujeres en la fuente*, de 1921. En ese momento comenzó el periodo más mundano[15] de Picasso, al que Max Jacob llamó «periodo duquesa». Pablo iba con Olga a los estrenos teatrales y en su casa se reunía lo más exquisito de la alta sociedad parisina. André Breton y Apollinaire también estaban entre sus amigos de entonces. En sus obras de ese periodo se combinan la influencia italiana y las grandes formas serenas[16] del clasicismo. El mar, las mujeres bañándose y todos los personajes de las playas eran los nuevos modelos de Picasso, junto a las bailarinas que el malagueño estudiaba detalladamente y retrataba con delicadeza[17].

En 1921 nació Paulo, el primer hijo de Olga y Pablo. El pintor tenía entonces 40 años. Su pintura se volvió más suave. Comenzó a retratar a la fría Olga como a una madre que se ocupa de su hijo, como se ve en su obra *Mujer y niño frente a la orilla del mar*, de ese mismo año.

De nuevo, el mundo del circo apareció en la pintura de Picasso, que volvió a pintar equilibristas[18] y arlequines. El pequeño Paulo fue el modelo de varias de sus pinturas, como *Paulo, el hijo del artista*, de 1923, o *Paulo vestido de arlequín*, de 1924. En todas ellas, Paulo aparece serio, con el aspecto de un niño tímido, introvertido y un poco triste. Olga quería tener fotografías de su hijo y se las pidió a Brassäi, que en ese momento estaba fotografiando las esculturas de Picasso: «No tenemos fotos de Paulo, la cámara lo intimida[19] y estalla en sollozos[20]...». Olga pensaba que Brassäi podía ganarse la confianza de su hijo.

Los Picasso tenían una vida social muy activa. Pablo iba a fiestas elegantes y recibía en su salón a Arthur Rubinstein, Erik Satie, Jean Cocteau, el conde Éttiene de Beaumont y Manuel de Falla, entre otros. Con este último había trabajado en Londres

---

GLOSARIO

[15] **mundano**: que va a las fiestas de la alta sociedad [16] **sereno**: tranquilo, calmado, (aquí) suave [17] **con delicadeza**: con suavidad, sutilmente, elegantemente [18] **equilibrista**: que tiene habilidad para los juegos de equilibrio [19] **intimidar**: asustar, dar miedo [20] **sollozo**: llanto fuerte

pintando el decorado de *El sombrero de tres picos*. Picasso era ya muy famoso, pero no encajaba[21] del todo en el mundo de la alta sociedad. Así describe Brassaï su impresión cuando lo vio por primera vez: «Ante mí había un hombre sencillo, sin afectación[22], sin disimulo[23]. Su naturalidad y su gentileza[24] me tranquilizaron al momento». Brassaï, que fue su amigo durante más de 30 años, llevaba a artistas al estudio de Picasso. Entre ellos estaban el poeta Paul Éluard y su exmujer Gala, que llegó un día con un joven extraño: «El hombre era guapo, con el rostro demacrado[25] y una palidez[26] olivácea[27], (…) con un pequeño bigote; sus grandes ojos de alucinado[28] centelleaban[29]». Picasso los presentó: «Brassaï, ¿conoce usted a Gala y a Salvador Dalí?».

Finalmente, Olga y Picasso terminaron su relación, pero Olga nunca aceptó el divorcio. Hasta el final de sus días repitió: «Soy Olga Khokhlova. Soporté[30] al genio con cariño[31] durante más de 12 años. Fui legalmente su primera esposa y, como a casi todas, me abandonó. Di a luz[32] a su primer hijo, Paulo». Olga aparece en los retratos con aspecto serio, mirada intensa, pelo ondulado[33] y rasgos fuertes. Su fuerte carácter inspiró a Picasso retratos tan clásicos y delicados como el *Retrato de Olga en un sillón* de 1917. Ya separado de ella, Picasso conoció a una joven bailarina a la que prometió regalarle unas zapatillas de su exmujer: «Mi mujer era también bailarina de *ballet* (…) tenía el mismo cuello, el mismo perfil, la misma mirada. Y era rusa igual que usted».

Los amigos: la banda de Picasso

A lo largo de su vida, Picasso conoció en profundidad a grandes figuras de la pintura, la literatura y la fotografía del siglo XX. Picasso tenía un carácter abierto, extrovertido y curioso[34], y la amistad era muy importante para él. Le gustaba mucho reunirse con sus amigos en sus casas o en los cafés de Barcelona y París. Era un hombre irónico y divertido, y le encantaba contar anécdotas y escuchar historias. Fue amigo de Matisse, compañero inseparable de Braque, y por su casa pasaron filósofos como Jean Paul Sartre y su mujer Simone de Beauvoir, músicos como Satie, poetas como Paul Éluard, toreros como Luis Miguel Dominguín y pintores como Apollinaire.

En su primera época en París, formó junto con sus amigos surrealistas y el poeta Max Jacobs la famosa «banda de Picasso». Sus correrías se hicieron famosas, pero terminaron cuando comenzó la Primera Guerra Mundial y muchos de los miembros de la banda se fueron al frente. Picasso colaboró con sus amigos en muchos proyectos diferentes, los convirtió en los modelos de sus obras y les fue fiel[35] hasta el final de sus días.

---

6. Marie-Thérèse, la musa adolescente

> «Mademoiselle, *tiene usted una cara muy interesante, me gustaría hacerle un retrato. Soy Picasso*»

Marie-Thérèse Walter era casi una adolescente cuando conoció a Picasso en París. En 1927, Pablo tenía 46 años y se sintió fascinado por la belleza tranquila de la joven. Marie-Thérèse narraba así el encuentro: «Yo tenía 17 años (…), iba de compras a los bulevares. Él me miró (…) y me dirigió una bonita sonrisa. Después me abordó[1] y me dijo: "*Mademoiselle,* tiene usted una cara muy interesante, me gustaría hacerle un retrato. Soy Picasso"». El nieto de Marie-Thérèse, Olivier Widmaier Picasso, explica en su libro *Retratos de familia* cómo comenzó esa relación prohibida: «Ella posaba[2] con toda naturalidad en el taller de La Boétie. Picasso le dijo que le había salvado la vida y comenzaron su romance». Fue una historia de amor que duró diez años. Las suaves curvas de Marie-Thérèse fueron la fuente de inspiración del Picasso escultor: «Su juventud, su alegría, su risa, su naturaleza jovial[3] lo habían seducido. A partir de aquel día toda su pintura comenzó a ondularse», cuenta Brassaï.

Mantuvieron su relación en secreto hasta que nació su hija Maya, en 1935, la primera hija de Picasso y la única de Marie-Thérèse. Picasso se había alejado por completo de Olga, pero

---

GLOSARIO

[1] **abordar**: dirigirse a alguien [2] **posar**: estar un tiempo en una misma postura para servir de modelo a un artista [3] **jovial**: alegre, animado

esta, que durante un tiempo no supo nada de la nueva relación de Picasso, no quiso concederle[4] el divorcio cuando por fin se enteró de la relación entre Picasso y Marie-Thérèse. Maya narra así sus recuerdos infantiles con su padre: «Vivíamos en el bulevar Henry IV y yo iba a la escuela allí, primero en la propia isla de Saint-Louis, luego en el Lycée Victor Hugo. Él venía a buscarme a menudo a la salida de las clases». Sin embargo, nadie sabía que eran padre e hija, porque «él era ya entonces muy famoso y eso quería decir que todo se complicaba. Con los alemanes, tuvo que quedarse mucho más en casa, y recuerdo perfectamente esos días de agosto en que salir a la calle era jugarse la vida[5] porque había tiradores[6] (…) en todos los tejados. En el piso organizaba muchas fiestas, cantaba y bailaba, inventaba canciones, espectáculos de *music-hall*, y recibía a amigos». Maya nunca intentó aprovecharse de[7] la fama de su padre. Vivió muchos años con él y lo defendió siempre. Ella le dio a su hijo Olivier fotos, cartas y documentos inéditos[8] para escribir *Picasso. Retratos de familia*. En una entrevista, Maya contó: «Mi madre nunca exigió[9] nada, y creo que hay algo fundamental que distingue[10] su relación con mi padre de la de otras mujeres, y es que ella amaba al hombre y no al pintor».

En 1977, cuatro años después de la muerte de Picasso, Marie-Thérèse Walter se ahorcó[11] en el garaje de su casa. Maya Picasso explicó así su final: «No fue solamente la muerte de mi padre lo que la llevó al suicidio; fue mucho más que eso… La relación entre ellos era una locura. Ella creía que tenía que cuidar de[12] él, incluso[13] después de muerto».

GLOSARIO

4 conceder: dar **5 jugarse la vida**: poner la vida en peligro, arriesgar la vida **6 tirador**: persona que dispara **7 aprovecharse de**: obtener un beneficio o una ventaja de **8 inédito**: que no se ha publicado todavía **9 exigir**: reclamar **10 distinguir**: diferenciar, hacer diferente **11 ahorcarse**: matarse colgándose del cuello **12 cuidar de**: atender, proteger **13 incluso**: hasta, también

Durante toda su relación, Pablo pintó a Marie-Thérèse como a una mujer tranquila, de hermosas formas redondeadas. En sus cuadros, Marie-Thérèse duerme tranquilamente, lee o descansa. Su físico inspiró a Picasso para crear muchas de sus primeras esculturas, y su sensualidad, para pintar cuadros como *Mujer desnuda en un sillón rojo*, de 1932.

7. Dora, la mujer lágrima[1]

«*Durante años la pinté con formas torturadas. Obedecía simplemente a una visión profunda que se me había impuesto*»

Dora Maar fue la mujer que mejor comprendió artísticamente a Picasso. Eso pensaba la pintora Françoise Gilot, compañera de Picasso después de Dora. Gilot escribió el polémico libro *Vivir con Picasso*. En él se basa una película del director estadounidense James Ivory, en la que el actor Anthony Hopkins interpreta a Picasso. En *Vivir con Picasso*, Gilot recuerda que vio por primera vez a Picasso en un restaurante. Estaba con Dora, una mujer elegante de ojos verdes, pelo oscuro y mandíbula[2] potente[3], que tenía una expresión enigmática y silenciosa.

Theodora Markovitch nació en París en 1907. Cuando era pequeña, emigró con su familia a Buenos Aires, y por eso hablaba perfectamente español. A los 19 años volvió a París con su familia, estudió fotografía y abrió su propio estudio. En 1934 viajó sola a España y fotografió las calles de Barcelona. Era una mujer comprometida[4] políticamente: ese mismo año firmó con el cineasta Louis Chavance un manifiesto a favor de la huelga general[5] en Francia.

Dora conoció a Picasso en 1936. Se encontraron en un café de París cuando Picasso estaba con su amigo el poeta Paul

---

GLOSARIO

[1] **lágrima**: gota que se echa al llorar [2] **mandíbula**: huesos que limitan la boca y en los que están los dientes [3] **potente**: (aquí) grande [4] **comprometido**: que se preocupa por los problemas del mundo [5] **huelga general**: medida de protesta que consiste en que los trabajadores de todos los sectores interrumpen la actividad laboral por un tiempo

Éluard. Dora tenía una pequeña navaja[6] «con la que no paraba de[7] hacer cortes[8] en la madera de la mesa. A veces no acertaba[9] y entonces aparecía una gota de sangre entre las rosas bordadas[10] de sus guantes negros. Picasso le pidió los guantes y los guardó bajo llave[11] en la vitrina[12] de sus recuerdos». En verano de 1936, Picasso se encontró con Dora en la playa. Se enamoró de ella, pero no abandonó a Marie-Thérèse. Pablo comenzó a pintar a Dora de diferentes formas: como un pájaro, una ninfa[13] acuática o con los rasgos de una flor. Picasso dijo más tarde: «Durante años la pinté con formas torturadas[14]. No era por sadismo, obedecía simplemente a[15] una visión profunda que se me había impuesto. Una profunda realidad».

En septiembre de ese año el Gobierno de la República española nombró a Picasso director del Museo del Prado. Al estallar la Guerra Civil española, Picasso se mudó a un nuevo estudio en la Rue de San Agustin. En abril de 1937 la Legión Cóndor bombardeó[16] el pueblo de Guernica, en el País Vasco. El Gobierno republicano había pedido a Picasso un mural[17] para la Exposición Universal de 1937 y Picasso quiso pintar la tragedia de Guernica: «En las imágenes que estoy pintando ahora, que llamaré *Guernica*, y en toda mi obra reciente, expreso el horror que siento hacia la casta[18] militar que está sumiendo[19] a España en un océano de miseria y muerte». Dora también aparece en ese cuadro: es la mujer que mira desde una ventana la escena de muerte y destrucción, horrorizada, con un candil[20] en la mano. Dora fotografió todo el proceso

---

GLOSARIO

[6] **navaja**: cuchillo pequeño que se puede doblar [7] **no parar de**: hacer algo continuamente, sin interrupción [8] **corte**: herida o hendidura que se hace con un cuchillo [9] **acertar**: dar en el lugar deseado [10] **bordado**: dibujado con hilo sobre un tejido [11] **bajo llave**: encerrado, que no se puede sacar del lugar donde está sin abrir este con una llave [12] **vitrina**: armario con puertas de cristales donde se guardan objetos delicados o valiosos [13] **ninfa**: ser fantástico que vive en el agua, el bosque u otros lugares [14] **torturado**: (aquí) duro, que expresa sufrimiento [15] **obedecer a**: deberse a, tener como causa [16] **bombardear**: atacar un lugar lanzando bombas desde el cielo [17] **mural**: pintura muy grande sobre un muro o una pared [18] **casta**: clase, grupo [19] **sumir**: hundir, sumergir [20] **candil**: lámpara manual que funciona con aceite

de creación del cuadro, y las imágenes muestran la intimidad que existía entre ambos durante esa época. Un día (le contó Picasso a Françoise Gilot) Marie-Thérèse entró por sorpresa en el estudio de Picasso y se enfrentó a[21] Dora. Marie-Thérèse le dijo que tenía una hija con Pablo y que por eso debía quedarse al lado del pintor. Dora le contestó que, aunque no tenía ningún hijo con Picasso, tenía el mismo derecho a quedarse con él. Picasso dejó discutir a las dos mujeres, pero al final escogió a Marie-Thérèse. Sin embargo, la relación con Dora continuó.

En 1939 estalló la Segunda Guerra Mundial. Ese mismo año, Dora comenzó a pintar. En 1943, mientras cenaba con ella, Picasso conoció a Françoise Gilot y la relación con Dora terminó. Durante mucho tiempo intentaron ser amigos, pero en 1946 se separaron definitivamente.

La bella y oscura Dora siguió pintando y exponiendo su obra en París. Sufrió una crisis nerviosa y tuvo que ingresar en un hospital psiquiátrico. Allí la trató Jacques Lacan, el famoso psicoanalista, que también atendía a Picasso. Cuando se recuperó, se fue a vivir sola. Sus pinturas se exhibían en exposiciones individuales, pero ella nunca iba. La última exposición se celebró en Valencia en 1995. La fotógrafa y pintora murió en 1996, 50 años después de despedirse de Picasso por última vez: «Después de Picasso, solo Dios».

La profunda mirada de Dora Maar aparece en muchos de los retratos de Picasso de esos años. Su carácter trágico, completamente opuesto al de Marie-Thérèse, se refleja en obras tan impresionantes como *Mujer que llora*, de 1937.

El *Guernica* está en el Museo Reina Sofía de Madrid / Clara de la Flor

El Guernica

Picasso tardó poco más de un mes en pintar el mural, que mide ocho metros de largo. En él representó la tragedia de la población de Guernica después del bombardeo alemán durante la Guerra Civil española. Como consecuencia del bombardeo, murieron 1660 personas y hubo 890 heridos.

En el cuadro, Picasso escogió los colores blanco, negro y gris para reflejar la barbarie[1].

Todos los elementos del cuadro (personas, objetos y animales) reflejan el caos y la muerte. El toro representa a una España dividida y sorprendida ante la guerra entre hermanos. Uno de los elementos fundamentales es el grito[2] de las mujeres. Quizás, el grito más dramático es el de la mujer que lleva a su hijo muerto en brazos. «La pintura no se hace para decorar apartamentos. Es un instrumento de guerra (…) contra la brutalidad y las tinieblas[3]», dijo Picasso.

Guernica es una obra esencial en la historia del arte moderno. Se expuso por primera vez en la Exposición Universal de París de 1937 y actualmente puede verse en el Museo Nacional Centro de Arte Reina Sofía, en Madrid.

GLOSARIO

[1] **barbarie**: brutalidad, crueldad [2] **grito**: (aquí) manifestación fuerte, intensa y en voz muy alta de un sentimiento [3] **tinieblas**: (aquí) falta de luz en lo abstracto y lo moral

8. Françoise, la mujer flor

> «Una mujer decidida a vivir su vida a su manera, pero a la vez de muy buen carácter y siempre dispuesta a reír»
> James Lord

Picasso tenía 61 años y Françoise, 21. Él era el pintor más importante del mundo. Ella quería ser pintora, contra el deseo de su padre. Françoise era una de los muchos intelectuales, jóvenes escritores y artistas, que visitaban el estudio de Picasso para ver al genio en acción. Comenzó a visitarlo en su estudio y él le fue mostrando sus secretos. En cada visita, esperaba pacientemente[1], con sus dibujos debajo del brazo, una señal de Picasso. Jaime Sabartés, secretario de Picasso y uno de sus mejores amigos, le decía cuándo podía verlo. Poco a poco, el maestro sedujo a la joven que quería ser artista.

En *Conversaciones con Picasso*, Brassaï describe a Françoise como una mujer «jovencísima», «apasionada por la pintura» e «impaciente por demostrar su talento». James Lord, por su parte, dijo sobre ella que era «perspicaz[2], extremadamente inteligente, una mujer decidida a vivir su vida a su manera[3], pero a la vez de muy buen carácter y siempre dispuesta a[4] sonreír». Pablo se enamoró completamente de ella: «¿Verdad que es guapa? ¿Verdad que es simpática? ¿La fotografiará algún día?», le preguntaba a Brassaï. Françoise se dejó seducir por fin por el maestro, que en 1945 la

---

GLOSARIO
[1] **pacientemente**: con paciencia [2] **perspicaz**: agudo, observador [3] **a su manera**: como ella desea [4] **dispuesto a**: con voluntad de

convirtió en «mujer flor» en una pintura con este título. No tuvo casi que posar para esta obra. Picasso podía pintar los rasgos de las personas a las que amaba sin necesidad de tenerlas delante.

En esta época, Picasso se afilió al[5] Partido Comunista de Francia. Fue el 4 de octubre de 1944, menos de seis semanas después de la liberación de París, al terminar la Segunda Guerra Mundial. Fue miembro del partido hasta su muerte en 1973. Sobre este tema, Picasso dijo después: «Ingresé en el Partido Comunista como aquel que va a la fuente a beber agua fresca».

En 1946 Françoise se quedó embarazada[6]. Picasso rejuveneció[7]. En su fresco *La alegría de vivir*, de ese mismo año, Pablo reflejó la felicidad que sentía en aquella época. Pintó a Françoise, con grandes pechos[8], bailando feliz y rodeada de personajes mitológicos que tocan instrumentos. Su hijo Claude nació el año siguiente, en 1947.

Por entonces, a Picasso le fascinaba el espíritu mediterráneo. Se dedicó a la cerámica y consiguió dominar a la perfección este arte. Hizo muchos animales de barro[9], como el toro de 1947 o la lechuza[10] de 1949. También representó a Françoise en varias obras, como en la cerámica *Mujer con mantilla*, de formas redondas y grandes ojos. Hizo bandejas[11], platos y muchos otros objetos. En todos ellos, se nota de nuevo la influencia de las formas clásicas y de la mitología.

Su hija Paloma nació en 1949. La llamaron así en honor a[12] la paloma[13] de la paz. La escultura *Mujer embarazada* representa a su mujer embarazada de Paloma. Sus hijos Claude y Paloma también fueron modelos para Picasso, como se ve en sus cuadros de 1950, donde los niños juegan en el suelo. Durante esa época, a Picasso

GLOSARIO
[5] **afiliarse a**: convertirse en miembro oficial de [6] **embarazada**: que va a tener un hijo [7] **rejuvenecer**: hacerse más joven [8] **pecho**: (aquí) seno, mama de una mujer [9] **barro**: masa que se forma mezclando agua y tierra [10] **lechuza**: ave rapaz nocturna [11] **bandeja**: utensilio plano para llevar, servir o poner cosas [12] **en honor a**: en homenaje a [13] **paloma**: ave de tamaño mediano que simboliza la paz

le interesaban la maternidad[14] y la familia, y reflejaba estos temas en su obra.

En 1953, Françoise abandonó a Picasso después de diez años y se fue con sus dos hijos. En una entrevista de televisión, Françoise contó que le dio un ultimátum a Picasso: «Si no cambia el fondo de nuestra relación, me voy a tener que ir. Él contestó: "Ah, pero nadie deja a un hombre como yo". Y yo le dije: A partir de este momento, te doy un año. A fines del 53 me fui». Picasso enfureció[15] y rompió el contacto con sus dos hijos. No volvió a verlos hasta 1955. Once años después escribió su biografía *Vivir con Picasso*, en la que narra su historia juntos. Françoise se convirtió en una artista independiente y Picasso tuvo una nueva crisis personal que se refleja en la obra de aquella época.

9. Jacqueline, la última mujer

«¡No puede hacerme esto!»
Jacqueline Roque
al morir Picasso

Jacqueline Roque fue la segunda y última mujer legal de Picasso. Se conocieron en 1952. Ella tenía 28 años y él, 71. Jacqueline era una mujer introvertida, estaba separada y tenía una niña llamada Catherine. Él, deslumbrado por su belleza clásica y su serenidad, la convirtió en el tema central de su obra. Poco a poco, ella le abrió su corazón, y se convirtió en su compañera y su musa durante los últimos 20 años de vida de Picasso.

Obsesionado por el cuadro de Delacroix *Las mujeres de Argel*, Picasso veía un gran parecido entre las odaliscas[1] y Jacqueline, a la que retrató con sombrero turco en 1955. En este retrato se ve la influencia de Mattisse; Picasso lo conocía desde 1906 e incluso había vivido dos años con él. En 1955, Picasso y Jacqueline se instalaron en La Californie, una villa en Cannes que Picasso compró por su luz y sus vistas sobre Golfe-Juan y Antibes. Allí, Picasso comenzó su gran homenaje a uno de sus pintores favoritos: su particular versión de *Las meninas* sorprendió al mundo en 1957. Era una de las muchas series que Picasso pintó sobre la base de grandes obras de la historia del arte como *El rapto de las Sabinas* de Jacques-Louis David. La serie de *Las meninas* la realizó

GLOSARIO
[1] **odalisca**: concubina turca

de agosto a diciembre de 1957. Durante el proceso de creación, Jacqueline fue la única que pudo ver la serie.

En 1961 pintó una versión de *Desayuno sobre la hierba*, de Manet. En ese mismo año, Picasso y Jacqueline se casaron. Olga había muerto y Marie-Thérèse había rechazado la proposición de matrimonio de Picasso, porque llegaba demasiado tarde. Dos años después, Picasso comenzó a pintar intensamente variaciones del pintor y su modelo. En todas, Jacqueline posa tranquila, mirando a lo lejos. Picasso se pinta con una barba como la de su padre. En uno de los más bellos retratos de Jacqueline, ella posa sentada en una mecedora[2] con su gato negro. Está tranquila y distraída[3]. Según cuenta el nieto de Picasso, Olivier Widmaier, cuando Jacqueline entró en la vida de su abuelo, tuvo que afrontar «40 años de un pasado prodigioso[4] que le era extraño».

En 1965, Picasso abandonó la pintura para dedicarse completamente al dibujo y al grabado. En los últimos años de su vida, el erotismo volvió a ser el protagonista de su obra. Los grabados de la *Suite 347*, de 1968, y los de la *Suite 156*, de 1971-1972, son dibujos con una fuerte carga sexual. Los personajes están retratados con crudeza[5] y sin censura mientras mantienen relaciones sexuales.

Pero al envejecer, Picasso se acercó de nuevo a su infancia. El erotismo dio paso al[6] amor. Comenzó a pintar parejas que se abrazaban y ancianos en los brazos de la amada. Jacqueline lo abrazaba y lo protegía. Por primera vez en su vida, Picasso se pintó a sí mismo como un hombre desvalido[7] y enamorado, al lado de una mujer que era por fin su verdadera compañera. «Mi mujer es maravillosa», dijo de ella poco antes de morir.

La última exposición de Picasso tuvo lugar en la Galería Louise Leiris. Se mostraron 146 grabados que realizó durante

---

GLOSARIO

[2] **mecedora**: silla que se mece, es decir, se mueve hacia delante y hacia atrás [3] **distraído**: (aquí) despreocupado, en actitud relajada [4] **prodigioso**: espectacular, asombroso [5] **con crudeza**: fríamente, brutalmente [6] **dar paso a**: dejar lugar a [7] **desvalido**: desamparado, indefenso

su último año de vida. Picasso murió en Mougins. Jacqueline, impotente[8], exclamó: «¡No puede hacerme esto!». Se quedó sola y se abandonó a[9] la tristeza y el vacío[10] que sentía por la muerte de Picasso. Trece años después se suicidó con un disparo en la cabeza.

---

[8] **impotente**: que no puede hacer nada para cambiar una situación [9] **abandonarse a**: entregarse a, dejarse dominar por [10] **vacío**: (aquí) sensación que produce la ausencia de algo o alguien

Notas culturales

2. Picasso adolescente: el primer amor

Velázquez (1599-1660): Diego Rodríguez de Silva y Velázquez fue un pintor barroco. Está considerado como uno de los mejores pintores de la historia de España y un maestro de la pintura universal.

El Greco (1541-1614): Doménikos Theotokópoulos nació en Grecia y murió en España. Fue un pintor del final del Renacimiento que desarrolló un estilo muy personal caracterizado por figuras muy alargadas y fantasmales, con luz propia y con un juego de colores que busca los contrastes.

Murillo (1617-1682): Bartolomé Esteban Murillo fue un pintor español del siglo XVII. Es una de las figuras más importantes de la pintura barroca española y es famoso por sus cuadros de vírgenes y ángeles.

Ricard Canals (1876-1931): Ricard Canals i Llambí fue un pintor, dibujante y grabador catalán. Formó parte de la Colla del Safrà (Grupo del Azafrán), llamado así porque en sus obras utilizaban colores muy vivos.

Ramon Casas (1866-1932): Ramon Casas i Carbó fue un pintor y diseñador gráfico catalán. Sus carteles y postales sirvieron para definir el estilo del modernismo.

Santiago Rusiñol (1861-1931): Santiago Rusiñol i Prats fue un pintor, escritor y dramaturgo español en lengua catalana.

El entierro del conde Orgaz: Es la obra más importante de El Greco. Según la tradición de Toledo (donde El Greco pintó el cuadro y donde está hoy), san Agustín y san Esteban bajaron del cielo para colocar el cuerpo del conde en su ataúd. El cuadro representa las dos dimensiones de la existencia humana: la muerte, en la parte inferior, y la vida eterna, en el cielo.

5. Olga, la bailarina rusa

Manuel de Falla (1876-1946): Manuel de Falla y Matheu fue un compositor español. Está considerado, junto con Isaac Albéniz y

Enrique Granados, como uno de los músicos más importantes de la primera mitad del siglo XX en España.

Salvador Dalí (1904-1989): Salvador Domingo Felipe Jacinto Dalí i Domènech fue un pintor español. Está considerado como uno de los representantes más importantes del surrealismo.

Luis Miguel Dominguín (1926-1996): Luis Miguel González Lucas fue un torero hijo del famoso matador Dominguín, y hermano de Domingo y Pepe Dominguín, también toreros.

7. Dora, la mujer lágrima

Gobierno de la República española: Periodo político de la historia de España que comenzó el 14 de abril de 1931, fecha en que se proclamó el sistema republicano como forma de organización del Estado, y terminó el 1 de abril de 1939, fecha en la que terminó la Guerra Civil española y comenzó la dictadura del general Franco.

Guerra Civil española: Conflicto armado que comenzó en España en 1936 cuando una parte del Ejército se sublevó contra el Gobierno democrático de la Segunda República. Terminó en 1939 con la victoria del bando de los sublevados y dio pie a la dictadura del general Francisco Franco.

9. Jacqueline, la última mujer

Las meninas: Obra más importante de Velázquez que representa a la familia de Felipe IV. Se trata de un cuadro muy grande y las figuras tienen el tamaño real. Está en el Museo del Prado de Madrid.

Glosario

ESPAÑOL	INGLÉS	FRANCÉS	ALEMÁN

Prólogo

ESPAÑOL	INGLÉS	FRANCÉS	ALEMÁN
[1] grabado	etching	gravure	Grafik
[2] dibujo	drawing	dessin	Zeichnung
[3] pictórico	pictorial	pictural	Mal-
[4] superar	to surpass	surpasser	übertreffen
[5] alma	soul	centre	Triebfeder
[6] iconoclasta	inconoclastic	iconoclaste	revolutionär
[7] academicismo	academicism	académisme	Regelhörigkeit
[8] incansable	tireless	infatigable	unermüdlich
[9] cajetilla	packet	paquet	Schachtel
[10] alambre	wire	fil de fer	Draht
[11] a menudo	often	souvent	oft
[12] entregarse a	to give yourself fully to	se consacrer à	sich widmen
[13] retratar	to do a portrait of	faire le portrait de	porträtieren
[14] en definitiva	in conclusion	finalement	letzten Endes

1. La infancia de Picasso: María, Conchita, Lola

ESPAÑOL	INGLÉS	FRANCÉS	ALEMÁN
[1] infancia	childhood	enfance	Kindheit
[2] lápiz	pencil	crayon	Bleistift
[3] inquieto	inquiring	éveillé	ausgelassen
[4] imitar	to imitate	imiter	nachahmen
[5] pincel	brush	pinceau	Pinsel
[6] pintura	painting	tableau	Gemälde
[7] óleo	oil painting	huile	Olgemälde
[8] picador	picador	picador	Pikador
[9] plaza de toros	bullring	arènes	Stierkampfarena
[10] corrida de toros	bullfight	corrida	Stierkampf
[11] torpeza	awkwardness	maladresse	Ungeschicklichkeit
[12] ingenuidad	naivety	innocence	Naivität
[13] minuciosidad	minuteness	détail	Kleinlichkeit
[14] empujar	to steer	pousser	treiben

ESPAÑOL	INGLÉS	FRANCÉS	ALEMÁN
[15] mimar	to make a fuss over someone	gâter	verwöhnen
[16] mudarse	to move (house)	déménager	umziehen/ziehen nach
[17] húmedo	wet	humide	feucht
[18] añorar	to miss	regretter	sich sehnen nach
[19] destacar	to stand out	se démarquer	sich auszeichnen
[20] difteria	diphtheria	diphtérie	Diphterie
[21] recuperar	to recover	retrouver	wiedererlangen
[22] viñeta	sketch	dessin	Comicstrip
[23] muestra	demonstration	exemple	Anzeichen
[24] canoso	grey-haired	grisonnant	grau/grauhaarig
[25] rasgo	feature	trait	Gesichtszug
[26] cura	priest	curé	Pfarrer
[27] terminar siendo	to end up being	finir par être	enden als
[28] papa	Pope	pape	Papst

2. Picasso adolescente: el primer amor

[1] adolescente	teenager	adolescent	halbwüchsig
[2] de primera	first of all	de grande qualité	erste Klasse
[3] cuadro	painting	tableau	Gemälde
[4] escarlatina	scarlet fever	scarlatine	Scharlach
[5] aldea	village	hameau	Dorf
[6] artesano	craftsman	artisan	Hadwerker
[7] todo cuanto sé	everything I know	tout ce que je sais	alles was ich weiß/ kann
[8] burdel	brothel	bordel	Bordell
[9] exponer	to exhibit	exposer	ausstellen
[10] inundar	to inundate	envahir	überschwemmen
[11] trazo	brushtroke	trait	Linie
[12] nombre de pila	first name	prénom	Vorname
[13] deslumbrar	to amaze	éblouir	blenden
[14] absorber	to soak up	absorber	aufsaugen
[15] esponja	sponge	éponge	Schwamm
[16] marchante	dealer	marchand d'art	(Kunst-)händler
[17] correría	night out on the town	bringue	nächtliche Streifzüge

ESPAÑOL	INGLÉS	FRANCÉS	ALEMÁN
[18] suicidarse	to commit suicide	se suicider	sich das Leben nehmen
[19] disparo	shot	coup de feu	Schuss
[20] teñir	to tint	teindre	färben
[21] rechazar	to reject	repousser	Aversion
[22] ponerse a	to start doing something	se mettre à	beginnen zu
[23] lienzo	canvas	toile	Malerleinwand
[24] arlequín	harlequin	arlequin	Harlekin
[25] quemar	to burn	brûler	verbrennen
[26] entrar en calor	to get warm	se réchauffer	sich aufwärmen
[27] helarse	to freeze	geler	gefrieren

3. Fernande Olivier: la primera compañera

[1] adoración	devotion	adoration	leidenschaftliche Liebe
[2] acróbata	acrobat	acrobate	Akrobat
[3] saltimbanqui	trapeze artist	saltimbanque	Seiltänzer
[4] recurrente	recurring	récurrent	wiederkehrend
[5] payaso	clown	clown	Klown
[6] radiante	radiant	rayonnant de joie	strahlend
[7] sumergirse en	to immerse yourself in	se plonger dans	eintauchen in
[8] reírse a carcajadas	to be in hysterics	rire aux éclats	laut lachen
[9] entre bastidores	backstage	dans les coulisses	hinter den Kulissen
[10] charlar	to chat	bavarder	plaudern
[11] pastel	pastel	pastel	pastell-
[12] mecenas	patron	mécène	Mäzen(in)
[13] reducir	to reduce	réduire	reduzieren
[14] pensión	allowance	pension alimentaire	Pension

Las señoritas de Aviñón

[1] precursor	forerunner	précurseur	Vorläufer
[2] rostro	face	visage	Antlitz
[3] medieval	medieval	médiéval	mittelalterlich
[4] boceto	sketch	esquisse	Entwurf
[5] estopa	burlap	étoupe	Hanf
[6] petróleo	petrol	pétrole	Petroleum

ESPAÑOL	INGLÉS	FRANCÉS	ALEMÁN
[7] escupir	to spit	cracher	spucken
[8] apreciar	to appreciate	apprécier	zu schätzen wissen

El cubismo

ESPAÑOL	INGLÉS	FRANCÉS	ALEMÁN
[1] cubo	cube	cube	Würfel
[2] fiel	faithful	fidèle	naturgetreu
[3] afilado	sharp-edged	effilé	scharf
[4] monocromo	monochromatic	monochrome	einfarbig
[5] frente	front	front	Front

4. Eva, la pérdida

ESPAÑOL	INGLÉS	FRANCÉS	ALEMÁN
[1] pérdida	lost	perte	Verlust
[2] llamar la atención	be noticeable for	attirer l'attention	auffallen
[3] robusto	stocky	robuste	robust,stämmig
[4] perpetuo	perpetual	perpétuel	unaufhörlich
[5] asombro	amazement	étonnement	Staunen
[6] admirar	to admire	admirer	bewundern
[7] salón	(artistic) salon	salon	Gesprächsrunde
[8] bodegón	still-life	nature morte	Stilleben

5. Olga, la bailarina rusa

ESPAÑOL	INGLÉS	FRANCÉS	ALEMÁN
[1] decorado	set	les décors	Bühnendekoration
[2] vestuario	wardrobe	les costumes	Kostüme
[3] escena	stage	scène	Bühne, Bühnenkunst
[4] telón	curtain	rideau	Vorhang
[5] onírico	dream-like	onirique	traumhaft
[6] altivo	haughty	hautain	stolz
[7] estrenarse	to open (a film, etc)	la première de… a lieu	uraufgeführ werden
[8] ofensivamente	offensively	de façon insultante	beleidigend
[9] prometido	fiancé	fiancé	Velobte
[10] seducir	to seduce	séduire	verführen
[11] darse cuenta de	to realise	se rendre compte de/que	bemerken
[12] enmarcado	framed	encadré	eingerahmt
[13] polvo	dust	poussière	Staub
[14] desperdigado	scattered around	répandu	zerstreut

ESPAÑOL	INGLÉS	FRANCÉS	ALEMÁN
[15] mundano	worldly	mondain	mondän
[16] sereno	serene	serein	sanft
[17] con delicadeza	gently	avec délicatesse	mit Feinfühligkeit
[18] equilibrista	acrobat	équilibriste	Seiltänzer
[19] intimidar	to intimidate	intimider	einschüchtern
[20] sollozo	sob	sanglot	Schluchzen
[21] encajar	to fit	être en harmonie avec	passen
[22] afectación	affectation	manière	Getue/Affektiertheit
[23] disimulo	pretence	hypocrisie	Verstellung
[24] gentileza	gentleness	gentillesse	Höflichkeit
[25] demacrado	haggard	émacié	abgemagert
[26] palidez	paleness	pâleur	Blässe
[27] oliváceo	olive-skinned	olivâtre	olivenfarben
[28] alucinado	crazed	halluciné	verrückt
[29] centellear	to sparkle	scintiller	funkeln
[30] soportar	to put up with	supporter	ertragen
[31] cariño	loving care	tendresse	Liebe
[32] dar a luz	to give birth to	accoucher	zur Welt bringen
[33] ondulado	wavy	ondulé	onduliert
[34] curioso	curious	curieux	wissbegierdig
[35] fiel	loyal	fidèle	treu

6. Marie-Thérèse, la musa adolescente

[1] abordar	to approach	aborder	ansprechen
[2] posar	to pose	poser	Modell sitzen
[3] jovial	youthful	enjoué	jugendlich
[4] conceder	to grant	accorder	gewähren
[5] jugarse la vida	to risk your life	jouer sa vie	das Leben aufs Spiel setzen
[6] tirador	sniper	tireur	Schütze
[7] aprovecharse de	to take advantage of	profiter de	Nutzen ziehen aus
[8] inédito	unpublished	inédit	unveröffentlicht
[9] exigir	to demand	exiger	verlangen
[10] distinguir	to set apart	distinguer	unterscheiden
[11] ahorcarse	to hang yourself	se pendre	sich erhängen
[12] cuidar de	to look after	s'occuper de	sich kümmern um
[13] incluso	even	même	sogar

ESPAÑOL	INGLÉS	FRANCÉS	ALEMÁN

7. Dora, la mujer lágrima

ESPAÑOL	INGLÉS	FRANCÉS	ALEMÁN
[1] lágrima	teardrop	larme	Träne
[2] mandíbula	jaw	mâchoire	Kinnbacken
[3] potente	powerful	grand	stark
[4] comprometido	committed	engagé	engagiert
[5] huelga general	general strike	grève générale	Generalstreik
[6] navaja	knife	couteau	Taschenmesser
[7] no parar de	to not stop doing something	ne pas arrêter de	nicht innehalten zu
[8] corte	cut	entaille	Einschnitt
[9] acertar	to get it right	ne pas rater	treffen
[10] bordado	embroidered	brodé	gestickt
[11] bajo llave	under lock and key	sous clef	unter Verschluss
[12] vitrina	glass cabinet	armoire vitrée	Vitrine, Glasschrank
[13] ninfa	nymph	nymphe	Nymphe
[14] torturado	tortured	torturé	gequält/gepeinigt
[15] obedecer a	to obey	obéir à	folgen
[16] bombardear	to bomb	bombarder	bombardieren
[17] mural	mural	peinture murale	Wandgemälde
[18] casta	caste	institution	Kaste
[19] sumir	to plunge	plonger	versenken
[20] candil	oil lamp	lampe à huile	Öllampe
[21] enfrentarse a	to confront	affronter (quelqu'un)	jemandem gegenübertreten

El Guernica

ESPAÑOL	INGLÉS	FRANCÉS	ALEMÁN
[1] barbarie	barbarism	barbarie	Grausamkeit
[2] grito	scream	cri	Schrei
[3] tinieblas	gloom	ténèbres	Finsternis

8. Françoise, la mujer flor

ESPAÑOL	INGLÉS	FRANCÉS	ALEMÁN
[1] pacientemente	patiently	patiemment	geduldig
[2] perspicaz	shrewd	perspicace	scharfsinnig
[3] a su manera	in his	à sa façon	auf ihre Weise
[4] dispuesto a	willing to	prêt à	bereit zu
[5] afiliarse a	to join	s'affilier à	beitreten (+ Dat)

ESPAÑOL	INGLÉS	FRANCÉS	ALEMÁN
6 **embarazada**	pregnant	enceinte	schwanger
7 **rejuvenecer**	to rejuvenate	rajeunir	wieder jung werden
8 **pecho**	breast	sein	Brust
9 **barro**	clay	argile	Ton
10 **lechuza**	owl	chouette	Eule
11 **bandeja**	tray	plateau	Schale
12 **en honor a**	in honour of	en l'honneur de	zu Ehren
13 **paloma**	dove	colombe	Taube
14 **maternidad**	motherhood	maternité	Mutterschaft
15 **enfurecer**	to become furious	se mettre en colère	wütend werden

9. Jacqueline, la última mujer

ESPAÑOL	INGLÉS	FRANCÉS	ALEMÁN
1 **odalisca**	harem concubine	odalisque	Haremsdienerin
2 **mecedora**	rocking-chair	fauteuil à bascule	Schaukelstuhl
3 **distraído**	absent-minded	insouciant	geistesabwesend
4 **prodigioso**	stunning	prodigieux	grandios
5 **con crudeza**	crudely	froidement	mit Härte
6 **dar paso a**	to give way to	laisser place à	ersetzt werden durch
7 **desvalido**	helpless	démuni	hilflos
8 **impotente**	impotent	impuissant	machtlos
9 **abandonarse a**	to abandon oneself to	s'abandonner à	sich ergeben
10 **vacío**	emptiness	vide	Leere

actividades

Cómo trabajar con este libro

Grandes Personajes es una serie de biografías de personajes de la cultura del mundo hispanohablante. Cada libro está escrito en forma de reportaje y narra la vida de la persona desde su nacimiento hasta su muerte.

Para facilitar la lectura, al final de cada página hay un glosario en español con las palabras y expresiones más difíciles. Además, se incluyen varios recuadros que aportan información adicional sobre un tema relacionado con el capítulo al que acompañan. Al final del libro hay además un glosario en inglés, francés y alemán y notas culturales sobre algunos conceptos del mundo del español que aparecen en el texto.

El libro se complementa con una sección de actividades que tiene la siguiente estructura:

a) «Antes de leer». **Recomendamos realizar las actividades de esta sección antes de empezar a leer el texto**, ya que ayudarán a activar los conocimientos que tiene el lector sobre el tema y facilitarán la comprensión.

b) «Durante la lectura». Son **actividades destinadas a pautar la comprensión** de los diferentes capítulos y a ejercitar la comprensión auditiva mediante el trabajo con el CD.

c) «Después de leer». Se trata de propuestas variadas que **permiten poner en práctica la comprensión auditiva y de lectura, la expresión oral y escrita, la interacción oral y escrita y la mediación**. Tienen un carácter predominantemente abierto para que el propio lector (o el profesor que lee el libro con sus alumnos) pueda decidir cómo trabajar con ellas según sus necesidades. En muchas de ellas se propone un repaso al contenido del libro. En cada caso, **el lector puede decidir si vuelve a leer el fragmento en cuestión o prefiere escuchar la grabación del CD correspondiente**. Igualmente, puede decidir si hace las actividades por escrito o de forma oral, en interacción con otros hablantes.

d) «Léxico». Actividades para **la sistematización, la profundización y la ampliación del vocabulario**. Se tiene en cuenta que cada hablante tiene unos intereses y un bagaje personal específicos. Por eso se combinan actividades de respuesta cerrada con actividades más abiertas.

e) «Cultura». Esta sección contiene **propuestas para profundizar en los temas culturales** del libro.

f) La sección «Internet» propone **páginas web interesantes** para seguir investigando.

g) Por último, se facilitan las **soluciones** de las actividades de respuesta cerrada y propuestas de solución para algunas actividades de carácter más abierto.

ANTES DE LEER

1. ¿Te gusta Picasso? ¿Por qué?

2. ¿Con qué movimiento artístico lo relacionas principalmente?

3. Mira la imagen del *Guernica* y describe el cuadro. ¿Sabes qué representa? ¿Qué sensaciones te provoca?

DURANTE LA LECTURA

Prólogo-Capítulo 3

4. ¿Recuerdas quién le dijo esto a Picasso: «Si te conviertes en soldado, serás un general. Si te conviertes en cura, terminarás siendo papa...»? ¿Qué significa?

5. ¿Qué importancia tienen estos conceptos en la adolescencia de Picasso? ¿Puedes añadir alguno más?

Sexualidad:

La etapa azul:

París:

6. ¿Crees que Picasso fue feliz con Fernande? ¿Por qué?

Capítulos 4-6

7. ¿Qué tienen que ver estos títulos y estas frases con la relación entre Picasso y Eva?

Ma jolie   «Amo a Eva»   «Mi vida es un infierno»

8. ¿Por qué fue importante Jean Cocteau para Picasso? ¿Qué otros personajes de aquella época conoces?

9. ¿Qué palabras y expresiones crees que resumen mejor la etapa duquesa?

Capítulos 7-9

10. ¿Te parece que este párrafo refleja la personalidad de Dora Maar y su relación con Picasso? ¿Por qué?

> Dora tenía una pequeña navaja «con la que no paraba de hacer cortes en la madera de la mesa. A veces no acertaba y entonces aparecía una gota de sangre entre las rosas bordadas de sus guantes negros. Picasso le pidió (…) los guantes y los guardó bajo llave en la vitrina de sus recuerdos».

11. Mira la fotografía del *Guernica*. Escoge una figura y descríbela. ¿Qué representa? ¿Qué te sugiere a ti?

12. ¿Cómo crees que se sentía Picasso con Françoise? ¿Y con Jacqueline? ¿En qué etapa crees que fue más feliz?

DESPUÉS DE LEER

13. ¿Qué etapa de Picasso te parece más interesante? ¿Por qué?

14. ¿Ha cambiado tu opinión sobre Picasso después de leer el libro?

15. Vuelve a escuchar las grabaciones de los recuadros y añade un subtítulo para cada uno:

Pista 05.
Las señoritas de Aviñón

Pista 06.
El cubismo

Pista 11.
El *Guernica*

LÉXICO

16. Escribe a continuación todas las palabras y expresiones que recuerdes relacionadas con:

el arte

el circo

17. ¿Cómo se describe físicamente a Picasso en el libro? ¿Y psíquicamente? ¿Tienes algo en común con él?

CULTURA

18. De todos los artistas e intelectuales que aparecen en el libro, escoge cinco que te interesan. Escribe al lado de cada uno una breve descripción como en el ejemplo. Luego escoge uno, investiga sobre él y prepara una breve presentación.

Ejemplo: Guillaume Apollinaire: Poeta francés. Fue uno de los principales representantes del surrealismo.

INTERNET

19. En la web del Museo Picasso de Málaga, **www.museopicassomalaga.org**, puedes ver muchas obras del pintor y consultar la cronología sobre su evolución artística. Escoge una obra que te guste. ¿A qué época pertenece? ¿Por qué te resulta interesante? Escribe un breve texto sobre lo que te sugiere.

SOLUCIONES

2.
Con el cubismo, especialmente.

4.
Se lo dijo la madre de Picasso a su hijo. Significa que Picasso tenía una personalidad muy fuerte y decidida, y que era capaz de llegar al final en todo lo que hacía.

5. (Propuesta de solución)
Sexualidad: Picasso descubre la sexualidad en su adolescencia y comienza a pintar cuerpos desnudos y escenas eróticas. La sexualidad va a ser muy importante en su vida y en su arte.
La etapa azul: Cuando muere su amigo Casagemas, Picasso comienza a pintar en tonos azules para expresar su tristeza.
París: Pablo Picasso se muda a París y allí conoce la vida bohemia de la ciudad, que es una fuente de inspiración.

7.
Ma jolie era el título de una canción de moda. Picasso titula así muchos cuadros que pinta de Eva.
«Amo a Eva»: Picasso escribe esto en muchos de sus cuadros de aquella época.
«Mi vida es un infierno»: Picasso le escribe esto a Gertrude Stein cuando Eva muere de cáncer.

8.
Jean Cocteau presentó a Picasso a la alta sociedad de París y a muchos artistas e intelectuales. Esto fue muy importante para la carrera del pintor.

Notas